AQUARIUS

AQUARIUS

AQUARIUS

AQUARIUS

Vision

一些人物，
一些視野，
一些觀點，
與一個全新的遠景！

大師兄。

【自序】

快樂

現在的我很快樂。

其實關於寫這本書，我想了很多。

究竟要不要寫呢？該匿名寫嗎？或是假裝以旁觀者的角度，把所有故事都推給我兄弟老林，變成老林的故事？我真的滿掙扎的。

但最後還是寫了出來，這是我人生中很重要的一部分，以前我不想隱藏，現在也不想，以後也不想。

因為這是一個真實的我。

* * *

後來的日子，我只有做兩件事情：賺錢和還債。

沒錯，小房間的那段快樂時光，已經過去了。

倒也不是不再寂寞，是我太膽小。

出第一本書後，我家的狗過世了；出第二本書後，阿公走了。出書以後，很多人跟我說，我的文字陪他們走過了句點後的悲傷。在殯儀館看了那麼多生死，很多人以為我可以超脫生死、笑看一切，但失去親人的傷痛卻讓我很清楚，我什麼咖都不是。

我只是那個害怕失去，又愛哭、膽怯的自己。

不想做孝子的我，因為沒有太多勇氣，所以還是選擇好好活著、好好還債，好好地扛起肩膀，來撐住該是我面對的責任。

還完了老媽的錢，再加上寫作的幫助，生活開始好過一些。

幾年前那個什麼都沒有的我，連夢想都不敢有，只能過一天算一天。當個月光族怕什麼，我只要天天都讓自己過得很快樂。我根本沒有未來，所以我從來不想未來，只是及時行樂。讓自己吃好一點，有個人陪，在暗暗的小房間裡，那就是我的天堂。

有時我會笑著回想：我摟過橘子，我摟過楊桃，我摟過玫瑰，我摟過香菇，我摟過西瓜，我摟過米香……不對，米香是在夢中。她們給了我好開心的夢。

別人都說我很傻。這樣算傻嗎？我也曾經開心過呀！

但是夢終究會醒，而日子還是要繼續往前過。三十多歲的我已經沒有那種一號月初、五號月底的勇氣了。
現在的日子過得不錯，所以我緊緊地抓住那條把自己往上拉的繩子，同時又怕它有一天會斷掉。
我必須像個大人般活著，為了變得更好而努力喘息著，而不是在那個小房間裡喘息。

我也懷疑過不沉船的日子是否快樂，直到有天去小房間，發現自己竟然只想著「快點結束，我要回家陪狗玩」！
以前花錢讓小姐笑，我很快樂；現在買東西給媽媽也很快樂。以前動不動傳訊息給小姐，我很快樂；現在常常打電話給外婆，我也很快樂。以前買好料的給小姐吃，我很快樂；現在買好料給我的狗狗們，我也很快樂。
我的快樂泉源，早已不在那個小房間裡。

* * *

「小胖，什麼時候我們再一起去小房間考察呀？」好兄弟老林三不五時會問我。

我總回答：「不了，我這個月的孝親費還不知道給不給得出來。」

「你真的變得好掃興，一點都不好玩了。」老林說。

「小胖哥，你好久沒來約了。真的上岸了呀？還是找到嫂子了？」小姐們的接線生米香也問我。

我回她說：「上岸了，不玩了。我現在忙到沒時間跟你們家的妹妹談戀愛呢。」

「不是說好了，這個世界很好玩，我們要一起玩嗎？」

「這樣講吧……我本來很愛玩網路遊戲，可是有一天開始不再玩了，那時候為了照顧爸爸，所以沒有心力玩遊戲。但後來在你們家花了那麼多錢，我才發現自己不是不喜歡玩遊戲，而是愛上別的遊戲了。現實才是脫離不了的遊戲呀！」我解釋。

「你說什麼，我聽不懂。好啦，好好過你的生活，發了財要說喔。」

我問米香：「那你什麼時候要上岸陪我？」

「呃⋯⋯先不要。」她很快地拒絕我。

我哈哈大笑。

還好她不要，不然脫離單身狗的生活，會不會又像當年沉船了一樣呢？還是不要好了。舒舒服服地過一個黃金單身肥宅的生活不香嗎？

現在吹冷氣、打電動、不必煩惱任何感情問題的我，真的很快樂。

***

在小房間發生過的事情，遲早會在記憶中漸漸淡去。就像現在的我回想著那段往事，雖然快樂，但終究是回憶。那些水果小姐還記得我嗎？我覺得並不會。

我的心已經在外面玩過一輪了，是該回家了。畢竟日後會記得你的，就是家人。

以前賺錢的動力是為了想看水果小姐。現在賺錢的動力，是老媽說這個月怎麼該給的沒給。

這就是長大後的人生呀！

目錄

起源

微微燈光像是一座燈塔，照亮了在現實沉淪的我。

一個近三十歲的肥宅，有著什麼樣的感情生活？

***

小時候，我總是充滿著不自信。不管是外貌或口袋，都覺得低人一等，而且是好大一等。
有沒有戀愛經驗呢？有，暗戀。
有沒有向人告白過呢？有，沒有成功過。而一再失敗的經驗，就是告訴我：你不會成功的，你不會擁有女朋友的，放棄吧。
但我總是想，小時候胖不是胖，總有一天青蛙也會變王子。加油吧！讓我快快長大。

國中時，班上談戀愛的總是那種壞壞的男生，他們有著那種可以吸引人的費洛蒙，很能吸引女生注意，無論多聰明的女孩都容易淪陷。「8＋9」帶著資優妹也不是校園新聞。

那時候我常想，難道壞就可以交到女朋友嗎？我要不要嘗試變壞呢？是不是叼支菸，嗓門大一點，就會有女人緣呢？

但我又忍不住嗤之以鼻，心想：「在這種不成熟的年紀交往，以後一定會後悔。」

十四歲的我有著肥大的肚子，男性女乳症般的胸部，脂漏性皮膚炎導致頭上長滿大塊的頭皮屑。但我還是這樣想：等我長大、成熟了，大家就是成年人，不會一開始就看外表拒絕我吧！

上了高中之後，我想改變和國中不一樣的形象。我開始看起來很樂觀、愛說笑話，讓自己走小丑加小叮噹路線，讓自己心儀的對象可以天天開懷大笑，每天早上還當一個早起幫忙買早餐的好人。我試圖營造一種「幽默暖男」的形象。

等到時機成熟，再來一封貼心的情書，信裡寫得感人肺腑，似乎對她的愛意可以感動天、感動地……

但是得到的，卻從來都是「對不起」三個字。在我眼中，高中女生真是在這世界上最會道歉的人呀！

「認真讀書吧！考上大學，總會遇到對的人。」

十七歲的我，終於知道自己不是幽默暖男，而是油膩肥宅。但我還是認為，只要再長大一點，世上應該會有我的機會吧。

「大學，像是個小社會」，這是我在第一次大學聯誼中，學到的一句話。

那次聯誼，其他男生騎的是考上了大學，家人買給他們的嶄新摩托車，而我騎的是家裡的老車。

其實那時候，姑姑知道我們家的狀況沒辦法買新摩托車，給了我一筆錢去買車，但是我省了下來。在家裡常常到月底總財產只剩幾百塊的情況下，我覺得還是把那筆錢留著比較好。

那回是與別系聯誼，女生抽機車鑰匙的時候，我很幸運地被一個正妹抽到了。我害羞地發動自己的破車，縮了縮圓滾滾的肚子，試圖給正妹一個好印象，卻發現坐我車的和抽到我鑰匙的人，不是同一個女生。

「她不想給你載，唉，我只好跟她換啦。走吧！」

我笑了一下，發動著那輛破車，然後佯裝車子好像壞掉了，只能裝作很難過地對大家說，我的車好像壞掉，不能去了。
大家覺得我很掃興。但我不是掃興，而是最後那一點自尊，我必須要留給自己。
因為我真的累了。
阿湯哥的《不可能的任務》拍那麼多集，眼看我人生中追女生的「不可能的任務」集數快超越他了，是該對這件事情放棄了吧！

***

大學沒畢業，而去照顧父親的生活，更是讓我一點自信都沒有了。
看著同學、朋友們一個個出社會，有份好工作，沒有需要照顧的家庭，甚至可以出國，到處打工旅遊，而我卻連出門玩兩天一夜都似乎是種奢求。總想著一旦自己休息，照顧父親的重擔就會落在媽媽身上，這麼一想……還是算了吧。
大家談的是年薪、股票、車子、房子和戀愛，而我談的是尿布、翻身與拍背、進出急診，還有把屎把尿。他們在空閒時，會看看股票有沒有起伏；而我則在空閒時，看看藥局的安素有沒有特價。

對於感情，更是不抱期待。
誰會想與一個沒錢、沒車、沒房、沒長相、沒學歷，更沒有好的工作，只有一個躺在床上的老爸和他欠下的一堆債的人，一起走向未來呢？
也許有吧，但我認為那樣好的機會永遠不屬於我。

能不能有人給我個擁抱，哪怕一分鐘也好，讓我覺得我不寂寞，讓我覺得我也可以擁有電視上那種童話故事般的愛情生活，假的也好，演出來的也罷……
拜託，讓我有一些這樣的感覺，一些些就好。
醒來之後，我還要努力地活著，努力地照顧爸爸，努力地生活。

＊＊＊

「何不去『小房間』看看呢？」
這句話，原本是我內心一個小小的聲音在自問。有時候這念頭一冒出來，自己都有點排斥。
直到某天，夜深人靜時，這份欲望愈來愈大、愈來愈大，大到我拿起電話，撥出了在網路上看到的火辣圖片下方寫著可以排解毒素……不對，是排解煩惱的那支專線。

可以排解吧？可以的吧？

一段難忘的回憶，就是從這時候開始。

我永遠記得——她，叫做「橘子」。

***

在同學會上，總有些男同學圍在我身旁，無論已婚、未婚的，聽我說著遇過的「國際聯軍」故事，聽得他們兩眼放光。

「小胖，你真的很強。你都不用存錢喔？」

「對呀！你不是還要賺錢養家，哪來的閒錢這樣玩呀？」

「小胖，你都不怕得病？」

面對這些問題，我總是一笑置之。

那個小房間的微微燈光，就像是一座燈塔，照亮了在現實沉淪的我。

千萬不要把燈全開，不要讓我再看到這個現實世界。只要給我一個擁抱、一點溫暖，讓我覺得自己出了那扇門後，還想活下去就好。

因為那時候的我，早已放棄所謂正常人的希望了呀……

橘子

那是一個我未知的世界。

我很少談起那段過去，甚至很久沒再想起了。但是那一段回憶實在太香，現在的我是洋溢著幸福的笑容，在鍵盤上打出這段往事的。

那年，我快三十歲了，沒房、沒車，家裡有個生病的爸爸。我對人生沒什麼目標與希望，外型也不修邊幅，別說找個老婆來共同承擔著永無止境的長照，就連跟人說話，我也沒什麼自信。偶爾在夜深人靜時，會浮現一個念頭，也想試試看所謂抱著女生是什麼樣的感覺。

一晚，我上網搜尋到一家按摩店，認識了「橘子」。

橘子，就是我當年沉船的開端。而後來經過幾年的大風大浪，讓我二度沉船的是「萬海」，希望幾年後再看著這本書時，我已經從茫茫股海浮上岸了呀……

＊＊＊

那不是正規的按摩店，比較像是日租套房，上門像在玩大地遊戲一樣。

「先生，你到了嗎？你看看門前面有輛紅色機車，它的車廂是可以打開的，裡面有張磁卡。你拿磁卡開好門後，把卡片放回去。」

完成一系列的任務後，我非常緊張地走上樓。

那是一個我未知的世界。

看了一下門上的房號，三〇九，和手機上她傳來的號碼一樣。

鼓起勇氣敲敲門，房門打開後，我整個傻眼——一個很年輕的女生，穿著薄紗，有點偏黃的肌膚，淡金色頭髮。

她以有點奇怪的腔調對我說：「你好。」我傻笑一下。

進了房間後，她指指自己，問：「可以嗎？」

我趕緊說：「可以可以！沒問題！」

她開心地抱著我，說：「那我們開始嘍！」

我一聽就很緊張地脫掉上衣，她笑著說：「是開始付錢。」

我連忙說著對不起，然後趕緊付了錢。

服務過程就不多說，反正也沒幾分鐘。

總之，我們有一堆時間可以聊天。

她邊幫我按摩，我邊問：「你是台灣人嗎？」

「馬來西亞。」

「啊？馬來西亞說中文？」

「對呀！」

我還是第一次知道馬來西亞也說中文。

她告訴我，馬來西亞有些地方很窮，她是在那樣的地區長大的，接著聊一聊她的家鄉、她的家庭和朋友。

「對了，你知道我為什麼叫橘子嗎？」

我搖搖頭。

她挺了下胸，拉著我的手放在她胸前，然後問我說：「像不像？」

我害羞得不知道要搖頭還是要點頭。

她笑了一下，接著說：「我還有很多姐妹，很漂亮喔！你下次可以去找她們，有叫西瓜、木瓜的呀，還有哈密瓜、榴槤——」

我打斷她，說：「不要，我只要來看你。」

橘子笑得很開心，在我臉頰印下一個深深的吻，還給了我一個擁抱，對我說：「好呀，我等你來！」

那陣子，我一存到錢就往那裡跑，省吃儉用也要去見橘子。但是我有理智，不亂買東西給她，也不會跟人借錢去找她，因為我知道自己的能力在哪裡。

曾有人跟我說，那時候我花錢當火山孝子，後來一定很後悔。

其實不會。待在那個房間裡的短短一個小時，是我每幾週以來最期待的一個小時。

那一個小時，沒有我得去照顧誰，沒有為什麼自己活得那麼失敗，沒有為什麼工作那麼累，沒有為什麼沒人聽我說話。

只有快樂。

還有空空的錢包。

幾個禮拜後，橘子跟我說：「我要回去了，你要載我去機場嗎？」

我愣了一下，回說好呀。

我很開心，因為她讓我載她。她也很開心，因為她省下了老闆給的計程車錢，我才知道原來馬來西亞也有客家人。
去機場的途中，廣播放出來的歌，她都有辦法跟著哼唱。我們一路說說笑笑，邊聽她唱著歌，直到她哼起一首我不知道的歌，好聽到我竟莫名地偷偷掉淚。
那天，在機場與橘子擁抱後，說了聲再見。後來她把與我的微信刪除了。
畢竟她只是來打工，回家之後，還是要過正常生活，我們不再有交集。

＊＊＊

過了一年多，我看電視劇《滾石愛情故事》，播放出橘子當時哼唱的那首歌，才知道歌名——〈飄洋過海來看你〉。
每當聽到這首歌曲，都讓我想起那段第一次沉船的時光，是那樣迷人，那樣快樂。同時也不禁想著，大海另一邊的她，應該上岸了？
至於我，拜託我的萬海讓我早日回頭是岸呀！

宗親會

當兩個殘破的靈魂相遇……

「小胖，要不要來創一個屬於我們『自己人』的群組呀？」
某天，我的好兄弟老林問我。

＊＊＊

老林和我是高中同學，後來成了殯儀館的同事。我們曾經一起經歷那段最快樂的高中時期，後來也一起當個交不到女朋友的阿宅，我單身多久，他就單身多久。
為什麼說我們在高中的時候最快樂呢？因為後來我們大學都沒畢業，找工作也跌跌撞撞，人生完全沒有目標，在社會上就是所謂的「魯蛇」。
我去了賣場，之後開過運鈔車、賣過雞排、當過看護，而他去了藥局、超商和工廠。三十歲的兩個人依然渾渾噩噩，找不到方向。

後來，我到殯葬所上班，覺得這一行實在很適合我們這種阿宅。在這裡不需要面對太多人，而且薪水穩定。想想，「沒錢」和「在都是往生者的地方上班」，哪一種可怕？

當時我就想著，日後要是有機會，一定要說服老林加入殯儀館這個大家庭。

幾個月後，聽說火葬場有一個職缺，我問他要不要試試看。

老實說，原本我滿擔心他會害怕而拒絕，畢竟這種工作不是每個人都能接受，而且家人也不一定會同意。

誰知道他一聽，欣喜若狂！

「太棒了！我早就想和你一樣在殯儀館上班。你知道嗎？自從你到殯儀館工作後，每次找你出來吃飯，感覺都很熱鬧，好像赴約的不是只有你一個人。老實說，我這個孤單阿宅挺羨慕的呢！」

當時聽他的回答，我很驚訝，但如今回頭想想，其實也沒什麼好意外的。從冰庫到火葬場，我發現同事們對於社會大多感到很失望。與其到外面當什麼都不是的躺平一族，我們在這裡對著一群安靜的躺平族，還比較自在。

直到現在，老林還常常向我道謝：「小胖，感謝你當年找到一個那麼適合我的工作。」

「是因為待遇不錯嗎？」我問。

「不，是有很多殯葬妹妹可以看！」

* * *

令我不解的是，老林的個性非常好，唱歌好聽，談吐也很幽默，但為什麼一直交不到女朋友？

從高中開始，我總是在一旁看他喜歡著一個個女生，像是一尊「守護神」在她們身邊。他這個守護神是有求必應：想吃什麼，就有什麼；想看什麼電影，隔天電影票就會跑出來；晚上想去哪裡玩，他立刻帶著對方去。

其實，就是個高級工具人。

老林總是對女生千依百順，卻不敢更進一步。

他在超商上班時，有個年輕妹妹同事，老林對她很好。妹妹很喜歡凱蒂貓的商品，他把每個月的薪水都花在買貓咪被子、抱枕、烤麵包機、娃娃……可是後來她交了男朋友，把那些東西整理出來，足足有兩大袋都還給老林，看來是鐵了心不想與這個曾經的追求者藕斷絲連。

傷心的老林把兩袋無處可去的貓咪商品暫放在我妹妹的店裡。

身為好哥兒們，實在很不忍心看著他睹物思情，我們兄妹很講義氣地決定幫他消滅這些傷心物。

「老林，那床被子，我拿回去幫你蓋吧！就不會害你那麼難過了。」

「老林，那台烤麵包機好用嗎？我跟你說，你有骨氣點，那個傢伙用過的東西，你不要再用了，我來就好，大家兄弟一場。」

老林看著我們，眼睛更濕了，想必他明白這才是真正的友情吧！

＊＊＊

為了安慰失戀的老林，我找他出門吃飯。看著餐廳裡的人都是

LOVE

成雙成對，我們很疑惑，怎麼情侶特別多。打開手機一看，不就是二月十四號而已嗎？也不是什麼特別的日子呀。

但是老林大受刺激，更沮喪。他很容易可以跟人走得很近、很近，卻永遠不是那個被選擇的人。我覺得比起一開始就知道沒戲的我，這更讓人受傷。

我勸他說：「你要知道，追女孩子的人可以分成三大類：工具人、玩具人和道具人。我總是只能當工具人，女生想出去玩都不會找我。而你已經進化成玩具人了，至少她們會約你出去玩，看電影、吃飯什麼的。至於戀愛的那種道具人啊，那始終不是我們的世界，我們也不要想了。」

飯後，我神神祕祕地跟他說我有個活動，他好奇地問：「這種日子，你還能有什麼活動？」

我反問他：「老林，你寂寞嗎？」

「啊？」

「我是說，你寂寞嗎？」

「你知道我是喜歡女生的呀，兄弟！」

「不是啦。我是說這樣的夜晚，單身的你寂寞嗎？」

老林嘆了一聲，說：「寂寞啊，但又能怎麼辦？你以為現實裡會有女生對我們笑呀？醒醒吧！」

「要是有一個地方，真的有女生對你笑呢？她還會陪你聊天呢！」

「那個什麼地方叫天堂吧？我以後再去。」

「對我來說，那裡真的是天堂。」

他大吃一驚。「你該不會是要帶我去……」

「……小—房—間。」

那時候的我，就是大家眼中的壞朋友。有任何寂寞的單身漢問我感情問題，我一律給這個答案。

老林考慮了一下，摸摸口袋，發現上次賣我凱蒂貓物品的錢還在。

「你之前去過嗎？」

「嗯。」

「不怕得病，不怕仙人跳？」他有點擔心地問。

我反問：「你覺得還有差嗎？」

寂寞到了最後，什麼都不怕了。

「只要抱著一個人，就可以感受到那種十分安心的感覺，你這輩子不想試一下嗎？你覺得我們除了那種地方，還有其他的機會嗎？

「你在火葬場燒到先人坐起來都不怕了，還怕仙人跳？你怕生病，她們不怕嗎？

「她們也跟我們一樣是殘破的靈魂呀！在那個房間裡，兩個殘破的靈魂相遇，拼湊不出一段戀曲，至少也能碰撞出一份快樂吧！」

我拍拍他的肩，對他說：「走，登大人的路就差這麼一步，是兄弟才拉你去的。要不要？一句話！」

老林被我的熱情邀約所感動。而那天晚上，成為他平凡人生中一個不平凡的夜晚。

＊＊＊

「小胖，要不要來創一個屬於我們『自己人』的群組呀？」老林問我。

師父領進門，修行在個人，而他已修練得熟門熟路。

Help!

進去之前，是殘破的靈魂；

出來以後，是殘破的皮夾。

「要叫什麼？」
「叫『宗親會』好了，反正大家都是表哥表弟。」他決定了群組名。
我問他：「那要有什麼規定嗎？」
他想一想，說：「只要交了女朋友，就必須退出群組！」
我笑著用力點頭。

我們的宗親會一共有五名成員，從來沒有人退出。

＊＊＊

又是相約修行的日子。在路上，我問老林：「你覺得我算壞朋友嗎？」
「怎麼說？」
「因為是我害你走上這條路的，要是哪天你陷下去了，會恨我嗎？要知道，從那個小房間是帶不走任何東西的，只能不斷地迴旋呀！」
他笑了笑，對我說：「你知道我第一次在蜜桃那小房間裡的一小時，是我三十年來最快樂的一個小時嗎？」

看著他快樂的表情，彷彿鏡子裡的另外一個我。其實有時我也會自問：要是有一天，我在這裡面迷失了，會恨最初沉船的那個自己嗎？

老林接著說：「不過有件事，你說錯了。我們進去之前是殘破的靈魂，出來以後，卻是殘破的皮夾！」

「那你會後悔嗎？」

「怎麼會後悔。我沒有未來，只有現在呀！」

寂寞，是單身肥宅常常在夜深人靜時會中的毒。而對宗親會的我們來說，唯一的解藥就在那個小房間裡。只要一個月能進去一次，我們可以為了那一個小時，辛苦這一個月。

這，值不值得？

蘋果

只不過想要有個人削水果給我吃，那麼難嗎？

蘋果是位江蘇妹，我很喜歡她的聲音。

第一次約她的時候，天氣很冷，她好像很怕冷，整個臉紅撲撲的，所以我叫她蘋果。所謂「一天一蘋果，醫生遠離我」，但是在我心中，似乎是一週看一次蘋果，寂寞就會遠離我。

＊＊＊

比起橘子的清純，蘋果顯得老練許多。一開門，她問也不問覺得她可不可以，而是直接給我一個擁抱，然後說：「親愛的，你還不進房嗎？」光憑這一句話，我沉船了！

小房間總是暗暗的，讓人看不清彼此。在這種燈光下，容貌、年紀都被隱藏了，也自然使人產生遐想。

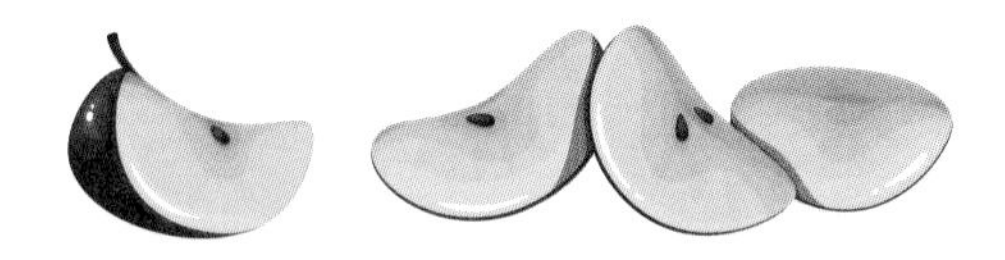

但蘋果不需要靠這些，因為光憑聲音，她就夠讓人心神蕩漾。

剛進房，我有點緊張，一聽她說「我們可以開始了喔」，我立刻點點頭，掏出錢包準備付錢。

但蘋果抓著我的手，告訴我：「別這樣，這樣多沒感情。是開始……把我當女朋友一樣。」

我心想，下次可要直接問清楚，到底是先埋單還是後埋單呀！

***

蘋果和橘子很不一樣，每個動作都帶著逗弄，讓沒什麼經驗的我更是顯得尷尬。

看我的反應，她笑著問我：「你很少出來玩吧？」

「真的很少。」

「交過女朋友嗎？」

「沒有。」

「那你把我當女朋友呀！」

這樣的聲音、這樣的話語，再加上她紅通通的臉蛋，老實說，我還真不知道該怎麼回答。

見我尷尬，她立刻接著說：「現在就把我當作你的女朋友，你想做什麼？」

「啊？」

她湊到我的耳朵旁，輕聲地問：「我說，我現在是你的女朋友，你想做些什麼？」說完後，她在我耳朵旁吹了一口氣。

我很緊張，但是又很興奮，只能結結巴巴地說：

「切切切切……切水果！」

蘋果一愣。「啊？」

「要是我有女朋友，我想叫她切水果餵我吃。」我說。

她一聽，簡直笑開了花。「哈哈哈哈！你真的是我在台灣遇到最好笑的！」

我也跟著傻笑，卻又認真地補一句：「我是說真的。」

她將一頭長髮綁成馬尾，然後靠在我身旁，說：「好呀，下次你帶水果來，我切給你吃。這次，我們先做別的事情……」

我聽了欣喜若狂！多欣喜呢？嗯，比做所謂別的事情還欣喜！

「你知道嗎？你們台灣人真的好奇怪。有一個人，他都三天來一次，一次就包三個小時，但也沒做什麼，就是來躺在我旁邊。三個小時要九千塊錢呢！你說說，為什麼他要花九千塊來睡覺呀？換成是你，你會這樣做嗎？」蘋果問我。

我看看自己沒剩多少的時間，想了想，邊摸著蘋果的小手，邊回說：「我想，他很寂寞吧。」

「哇，寂寞需要花那麼多錢！」

我笑笑，再摸摸她的小手。

只要還能用錢買到一份不寂寞，那就不貴。貴的是花了一堆錢，還是寂寞。

至少我這次花的錢還剩下五分鐘，我可以靠著一個人，好好享

受著這份不寂寞。

雖然五分鐘後，還是寂寞。

***

後來，等我終於又存夠了錢，還準備了一顆象徵生意旺旺來的鳳梨，打電話去約的時候，卻聽說蘋果的旅遊簽到期，她已離開了。

我怔怔地問總機小姐：「那，蘋果還會回來嗎？」

「我也不知道。不過我們過兩天會來一個很漂亮的喔，叫——」

我沒聽完就掛了電話，呆呆地望著手上的鳳梨。

只不過想要有人削個水果給我吃，竟然是那麼困難嗎？

***

「或許下一個人，她會削水果給我吃吧？」

蘋果離開了，我只好帶著那顆鳳梨去找老林聊天。

老林看看鳳梨，輕輕地嘆一聲，說：「應該很難吧！」

果然，寂寞的人注定一輩子必須寂寞。連這個小小的願望，都那麼難以實現呀！

「我還真沒看過去找小姐幫忙殺鳳梨的。你不能帶難度比較低的水果嗎？水梨之類的不香嗎？」

辦不到。對我來說，願意拿水果刀替我殺難度那麼高的鳳梨，才是真愛呀！

櫻桃

初吻的滋味……

觀察了好一陣子，我發現一個現象。一天和老林聊天時，我跟他說：「老林，我注意到有件事情很奇怪欸……」

看我神神祕祕的，他好奇地問：「什麼事情啊？」

我一臉認真地說：「你有沒有想過，為什麼大部分的小姐都不願意和客人親吻呢？」

老林也認真地看看我，然後拍拍我的肩，對我說：「那你有沒有想過，人的臉醜是沒有下限的。要知道，雖然很多事情忍一下就過去了，但有更多事情是一點都不能忍的呀！」

我氣得拍桌子怒罵：「你的意思是我長得醜嗎？」

老林憐憫地看著我，只差沒找面鏡子給我照一下。

但是我不相信，我一定要去田野調查，當面問問她們為什麼通常會拒絕親吻。

尋尋覓覓了一陣子——

「親嘴？不好吧。病從口入呢！嘴巴的細菌很多。」

「親嘴是跟男朋友，不是對客人的喔……」

「KISS? NO, NO KISS.」

從本地人問到外國人，大家都不接 KISS 的案子。

直到那天，我遇見「櫻桃」。

***

「櫻桃」是櫻桃小嘴的意思，但她的嘴巴其實並不特別小，而是我第一次親到的女孩，所以我叫她櫻桃。

她是泰國人。有段時期，很多泰國人喜歡來台灣工作，她們條件優質，還有一種異國風味的感覺。我不但特地學著講「你好」、「早安」、「晚安」、「再見」的泰語，和櫻桃相處的那段時間，也是我出社會之後，英文用得最多的時光！

我是櫻桃在台灣的第一個客人。這不是巧合，而是我很喜歡當「一號」。我覺得身為第一個客人的最大好處，就是可以趁她

HUG

遇過許多女生，

但我的初吻還留著，

這很不可思議嗎？

但，對我來說是很自然的事，

因為唯有「愛」是買不到的。

們剛來，一切尚未上軌道時，給她們一個好印象，這樣要 LINE 比較方便。

一進門，我就照著谷哥教的泰語「你好」打招呼，果然吸引到櫻桃的目光。她高興地說了一串我聽不懂的話，我連忙拿起手機，用一招打遍天下的翻譯 APP 告訴她，我只會說這一句。

她看了一愣，笑得更開懷。

我們兩人明明語言不通，卻聊得很開心。櫻桃一句中文都不懂，英文程度就像我一樣差，所以我們是用翻譯軟體在亂聊，收到她的文字訊息時，我得先翻譯，然後想一想，最後回答。這樣的對話方式十分有趣，感覺也非常奇妙，而且不容易有爭執，因為要吵架太累了。

離開前，我向她要了 LINE。走到門口時，我說：「See you next time.」

她笑著問我：「Really?」我只回她一個微笑。

當天晚上，我又約她一次。一開門看到我，她先是驚喜地笑開了，接著，給了我一個，「吻」。

* * *

這是我的初吻，櫻桃的滋味。
遇過許多女生，但我的初吻還留著，這很不可思議嗎？
但，對我來說是很自然的事，因為唯有「愛」是買不到的。

初吻是什麼樣的感覺呢？只知道有張可愛的臉龐慢慢向我靠近，突然嘴巴一熱，在碰觸的瞬間，我立刻縮了回來，滿臉漲紅又害羞。
很好笑，被她親了一下的我，竟回到第一次見到橘子那時候的手足無措，腦中一片空白。
那是令我難以忘懷的一夜，我們的心靈緊密糾纏在一起。

那天之後，當她沒有客人時，幾乎都會和我聊天。我們聊聊人生，聊聊家庭，聊聊觀念，還買了很多 LINE 的貼圖，因為用貼圖來表達原本得靠文字翻譯傳遞的意思，好像更容易。
我的錢不多，沒辦法天天去找櫻桃；而她只有十四天的時間，十四天過後，可能再也不會來台灣了。所以我想到一個方法，就是我買吃的送去給她，趁她工作空檔出來拿的時候，我們可以見個面，牽個手，親個嘴。只有短短不到五分鐘，卻是那段日子裡，我最開心的時光。

***

終於在櫻桃要離開的前一天，我又存了一筆可以和她相處一個小時的錢。

我欣喜地傳訊息給總機要約櫻桃，卻見總機傳來：「**櫻桃呀，她現在很紅呢，每天都有人送東西給她喔！**」

看到這句話，我愣住了。原來還有其他人也和我做一樣的事情？

也許吧，對櫻桃來說，我只不過是其中一個客人。或許對她來說，親吻也只是工作的一環。

這一個小時原本應該是快樂又令人期待，是我每天辛苦地省吃儉用才存下來的。但是在去找櫻桃的路上，我完全沒了期待的感覺。我只想問她，在她心裡，我到底算什麼。我只不過是一個客人嗎？

我根本是抱著談判的心情去見她。

櫻桃開了門，一看是我，十分驚喜，因為我沒有跟她說我要來。
她熱情地給我一個吻，我卻毫無反應。
「她對上一個客人也是這樣吧？對上上一個客人也是這樣吧？她整天都是對客人這樣吧？」空虛衝腦的速度比什麼都快。
我突然覺得很髒，立刻去浴室漱口。櫻桃被我的反應嚇到了，不知如何是好。
毫無感情的一個小時，好空虛，真的好空虛，我們甚至沒有交談。

準備離開前，我想了想，還是拿起了手機，問她：「聽說你很紅，大家都送東西給你。」
櫻桃睜大眼，回我說：「只有你送給我！」
「不可能。總機小姐跟我說，她常常看你出來拿外送。」
櫻桃看著我，難過地在手機上打字：
「因為我的生意不好，其他套房的姐妹們沒時間出來拿客人給的東西，所以都是我在拿。你是很特別的，只有你願意送東西給我，但你卻誤會了我。我的吻只給我愛的人，你真的傷到我了。明天，我就要離開了。

「其他的客人都像你今天這樣，沒有任何交談，我感覺不到有什麼意思。沒想到連你也這樣，我好難過……」

我愣住了，不知道要說什麼，只是很想給她一個吻，用吻來向她說聲對不起。但是她推開我，指著手機上的時間，對我說：

「Time is over.」

＊＊＊

離開櫻桃之後，我站在她的房間樓下發呆……直到突然有水流到臉頰上，才發現自己淚流滿面。

Time is over.

從此以後，我再也遇不到第二個小姐願意真心地親吻我。

畢竟一個人連相信人的心都沒有，怎麼會有人對你真誠呢？

真正的快樂，
是心裡的舒服。

米香

世界很大，而我們都回不了頭了。

「小胖哥，今天想約誰、約幾點呀？」

「我約蘋果好了。」

「又是蘋果呀。要不要換人試試看？今天有新人喔！」

「新人有什麼特色嗎？」

「她的特色就是特別色！」

「哈哈哈哈！不要，我想要玫瑰。」

「哎呀，她比較忙啦，今天都滿班了。你試試新人啦，拜託，我今天差這個業績就達標了，而且人家新來的沒什麼客源，需要哥哥你的幫助。上次那個甜甜多虧你介紹很多朋友來，她賺的錢回越南都可以蓋座橋了！橋上都會有你們的名字呢！」

米香，她不是小姐，她是接線生。

跟小姐要到 LINE，雖然可以和她們聊天，但免不了得去捧場，我沒那麼多錢。後來發現其實總機有時候沒什麼事，我反而因此和米香熟了起來。

她的工作就是在 LINE 上面回答客人的問題，然後再看看小姐有沒有空、安排時間，偶爾還幫她們做圖。每個小姐剛來的時候，都需要有張照片，大部分是外籍人士比較願意露臉。遇到不願意露臉的，米香會上網找相似的照片，不過通常會被說是圖文不符、詐騙集團。

除了做照片，她還要寫文案和取名字。外籍妹妹通常覺得自己叫什麼沒關係，因為她們也不太懂，所以都是米香他們工作人員幫忙想名字。

有時候，她會找我討論怎麼取名字。

「這個新來的上圍超狂欸，叫什麼比較好？」

「我想想，叫炸彈好了。我那些朋友一定會說『大家一起去拆炸彈！』，感覺很好記。」

「『老闆，你好，我是炸彈』（招手）……這樣真的可以嗎？！啊對了，有一個小姐身材普普，我還想不出叫什麼。」

「她對台灣有什麼特別的印象嗎？」

「她說她想去看 101。」

「那就叫 101 吧。『各位宗親，想不想征服 101 呀？』有戲，這一定有戲！下一個叫她『頂太瘋』好了，我們來用諧音哏……」

我很努力地幫她想文案。因為我太無聊了，下班後在老爸的病床邊，總是有很多空閒時間。

米香是大學生，之所以在這裡打工，因為舅舅就是老闆。她媽媽是個小姐，而爸爸……爸爸是什麼東西？她從小沒看過。在她的世界裡，男人好像就是騙財騙色，然後拍拍屁股就走的傢伙，至少在媽媽口中，她的爸爸是這樣子的。

而我的老爸，我從小也很少看到他。不知道是不是背景相似的關係，我和米香還滿聊得來。

＊＊＊

某天晚上，我收到米香的訊息：「**出來吃宵夜，姐請你！**」

「**好呀，那就謝謝姐了！**」

我很喜歡她這種小女孩想長大的個性，明明年紀很小，卻到處自稱姐。

平常活力十足的她，那天很疲累似的。

吃了點東西後，她開始抱怨：「我男朋友找小姐，被我抓到了。」

我忍不住想：為什麼男生有了女朋友，還要這麼做呢？不是已經不寂寞了嗎？不是已經有伴了嗎？不是已經可以一起努力地生活了嗎？不是已經有人可以分擔憂愁了嗎？我真的不明白。

「男人有多爛，你知道嗎？他花的還是我的錢！」

原來男友這次約到米香家的小姐，被她抓包了。

「但我又不能說什麼，萬一被我舅舅知道，他只會說『早就看你那個男朋友沒出息、吃軟飯』，到頭來還不是我被罵。可是我又氣不過……」

我靜靜聽著她說。

「我知道我講這些，你也不懂。但是啊……我又要上學、又要打工，朋友也不多，同學都是家裡情況很好的，哪裡會了解這些事情。我真的沒人可講了。你也知道我家這樣，所以我從小就很渴望家庭，很想要結婚，想著一定不要像我爸媽那樣！我也不是第一次交男朋友，每一段感情都那麼用心地付出，最後呢？每次都被劈腿，男友還去找女人，我真的有這麼差嗎？」

我看看米香。她的個頭很小，大概一百五十公分左右，身材纖細，不算很漂亮，但很可愛，有著一頭捲髮。一開始我是被她的聲音吸引，因為很有磁性。熟了之後，覺得開朗、活潑的她實在是個很好的女孩子。

我很能理解單親家庭長大的她，極度渴望有個好家庭，於是盡其所能地投入每段感情中，可是不知道為什麼，都沒有被男人好好珍惜。

我是真的不知道為什麼，因為我根本不敢想，若有一個女孩子願意這樣全心地對我，不知道該有多好。

我真是連想都不敢想。

突然，一句話從米香的嘴巴迸出來：「我也要找男人！」

吃著宵夜的我不禁臉紅心跳起來。男人？我不就是男人嗎？

「我也要像他一樣，在外面花錢叫男人！」

我立刻遞給她一瓶啤酒，語重心長地對她說：「幹麼要花錢。你的條件不錯呀，隨便約都有，幹麼要花錢找男人。再說，你面前不是還有──」

「我不管！我就是要花錢找男人！為什麼你們男人就可以丟幾個錢當大爺，要幹麼就幹麼?!憑什麼！老娘沒錢嗎？我也要花錢找男人！我也要當大爺！」

「其實我配合度也很高的──」

「他可以，為什麼我就不行？我也要當大爺！」

我沒什麼朋友，從沒對象的我也不理解被劈腿的心情，不知道如何安慰米香，只能跟她打哈哈，然後送她回家。

過幾天，又接到她的電話。

「小胖哥，你什麼時候放假？陪我去一個地方。」

原來米香還真的叫我陪她去花錢叫少爺。

「我好緊張喔！不曉得他和照片像不像？你們的話，如果看到『人圖不符』怎麼辦？換人會不會不好意思？要不要加錢呀？通常一開始都先幹麼？……」

好多好多的問題，我在旅館附近的便利商店一一替她解答。

真沒想到我們居然會提前半小時在便利商店討論對策——想到這一點，我忍不住笑了。

「你笑什麼？我現在很好笑嗎？」

「沒呀，希望你有個愉快的一小時。」我有點心酸，卻又真心地祝福。

「什麼一小時，是三小時好不好！」

「我的天呀！我們都最多才一個小時。」

「嘿嘿嘿，想不到吧！啊，時間到了，我過去了。你先不要走，去旁邊的網咖等我一下，要是不喜歡他，我再打給你。」

在網咖，我一直想著三個小時應該是噱頭，應該和我一樣，差不多五分……一個小時就沒戲了吧。誰知道快要三個小時了，米香還沒出來，我開始覺得很擔心。

我離開網咖，準備要去旅館探問的時候，見米香走了出來——看著那一臉清爽！滿足！愉快！的表情，我才發現自己想太多。

「沒想到你們的世界那麼好玩！」

「想不到吧。現在是『我們的』世界了！」

***

直到現在，我偶爾還會密一下米香：「**最近還玩嗎？**」

「**一直沒遇到好男人，就一直玩呀！你咧？還在海裡游泳嗎？**」

「**沒有了，老嘍。說實在的，你什麼時候想休息，找個人好好在一起呀？**」

米香停頓了很久，這樣回我：「**你也在這個花花世界晃了一段時間，你覺得姐姐我還能找到好男人嗎？**」

「**還有我呀，等你也從良，我們一起上岸呀！**」

「**哈哈，姐還沒玩夠。我到現在才知道，原來這世界這麼大！**」

對啊，世界很大，而我們都回不了頭了。

情書

充滿曖昧的華燈初上，不是我們的世界。

老鍾是我的國中同學，我倆算是死黨，上課在同一個班級，下課去同一間補習班；假日有著相同的興趣，都愛打籃球，要是下雨就一起看漫畫。不敢說是生死之交，卻也是不錯的朋友。
而可怕的是還有個相同的地方，就是我們喜歡同一個女生。

隔壁班的班花叫「小光」。她是小隻馬，看起來很可愛，個性很好。
我們在同一間補習班上課。常常當老師在講解題目時，我的目光都鎖定在她身上，看著她撥頭髮的樣子，看著她皺著眉頭在思考……一顰一笑間，令我魂牽夢縈。但是只要她轉過頭來和我對上眼，我就嚇得不知所措。
我去補習，其實都在偷看她。

小光到底多有魅力呢？我們考兩次學測，總分是三百分。小光考完第一次學測後，就上了她心目中想念的學校，所以沒來補習班了。我則是撐到第二次才考上。第一次學測，我考了兩百一十三分。她離開後，我沒有偷看的對象了，於是第二次考了兩百八十七分，這個進步的範圍足以顯示出她的魅力有多大！

***

或許是沒自信，也或許是過去的告白都失敗，面對小光，我總是遠遠地看著，沒有什麼特別想親近的念頭，因為我知道機會不是屬於我們這種魯蛇的。

但是我那炙熱的眼光其實明顯到所有人都察覺了，包括老鍾。

某天下午，我們打完球後，我正捧著肚子大喘氣，老鍾突然說：

「小胖，你喜歡小光是不是？」

我紅著臉，回說：「哪……哪有，我哪有喜歡她！」

老鍾認真地說：「你每天上課看她看得那麼明顯，我都看在眼裡啦。大家朋友一場，這樣好了，你寫封情書給她，說不定你有機會喔！」

我搖搖頭，看著手上的籃球，還有籃球下面比球還大的肚子，不說話。

老鍾沉默了一陣子，接著開了口：「假如你不先寫，那我就寫嘍……」

我到此刻才知道，原來補習班那炙熱的眼光，不只有一個。

回到家，我想了很久，卻不知如何下筆。

我想想老爸都是怎麼和媽媽說話的，但不是騙錢，就是吵架。

在他們身上，我完全不曾有兩人感情好或是甜蜜的回憶。

老實說，我根本不敢和女生好好說話，弱到連玩遊戲遇上感情抉擇的項目時，不管怎麼選都無法破關。

一封真正的情書，到底該怎麼寫呢？我毫無頭緒。

熬了一個晚上，最後我用了很多國文課本上的詞彙，拼湊成一封新詩中帶點文言的信。現在回想起來，感覺真的很不得了呀！

隔天，我特地很早就到補習班，偷偷把情書放在小光的抽屜裡，然後回到座位上，等待著結果。那種感覺就像現在簽大樂透一樣，明知道一定會槓龜，頂多來個安慰獎，但還是會期待！

遠遠望著小光發現抽屜有封信，看了一眼，放進包包……

幾天後，她回了張好人卡，那上面只有：「**謝謝……對不起。**」

其實我非常習慣這句「**對不起**」，只是，這次的樂透整個槓龜，連她親口跟我說話的小獎都沒有。

我沒有太失望，因為心知這是必然的。

我也很慶幸自己選擇人的眼睛至少是雪亮的，沒有什麼問題。

好人卡上的筆跡很端正，看來這張紙條可以好好地保留下來。

她並沒有已讀不回，而且除了對不起，還特別寫了「**謝謝**」，真的是個好女孩。

看著鏡子裡的我，難怪會被這種好女孩拒絕。

我又再一次失敗了。

從小光以後，我就立志不要再追任何女生。不是她們的問題，而是我。

也喜歡著小光的老鍾，在此時傳了封簡訊給我：「**兄弟，聽說你失敗了，那我就放心去追她了。我會好好照顧她的！**」

看著那封簡訊，我心裡五味雜陳。

不知道他有沒有聽過，物以類聚。

過不到兩個星期，他也收了張好人卡。但我們並未因為同病相憐而互相取暖，反而是各自受到了打擊。

我和老鍾從那件事之後，就不再聯絡。

＊＊＊

過了許多年，某天在路上和老鍾巧遇，說也奇怪，沒聊幾句卻再度投緣起來。或許我們本來就是同一類人吧。

他這幾年很努力，剛從國立大學的研究所畢業，正要邁入社會。而我，明明在社會上打滾很久了，薪水卻連他的第一份工作還遠遠不如。

我原以為他是人生的勝利組，聊著聊著，他談起自己一路以來，感情都不順。

他說他在追公司的一個同事，後來每天都跟我分享進度。但常常聽他聊著，我有種預感，他可能又會失敗。
到時候，我要怎麼安慰他呢？

某天夜裡，老鍾找我吃宵夜。
深夜吃宵夜，是傷心故事的前奏。

老鍾一臉難過地問了我一句：「為什麼？為什麼那些女生都不肯和我說話？我從來沒有跟女生相處的經驗，為什麼沒有人願意給我機會？為什麼？」
我笑了笑。
我是個胖魯蛇，其實，你也只是個不胖的魯蛇，所以我們才是好朋友呀！

我滑開手機裡，那些「大人世界」的資訊。
「想不想去一個這次換你可以做選擇的地方，而不是被選擇。在這個地方，你不會被打分數，也不用特地做那些你不擅長的事情。你也不會收到好人卡，她們只會對你說謝謝，而不是『謝謝……對不起』。想不想跟我一起去那個世界呢？」

老鍾嚮往地問：「真有那種地方？」

我用力點點頭。

「沒錯。那是一個連情書都不用寫的世界，因為鈔票上的言語，比起國文課本還要深情得多呀！」

充滿曖昧的華燈初上，不是我們的世界。

我們這種不擅長交流的直男，只有關燈直接上！

即使面對著這樣的日子，還是可以笑著度過……

似乎只要一直笑，我們的人生就會好一點了。

孝子

我很想家。

讀著這本書，或許有人會驚嘆：「哇，大師兄是重課金族呀！」但，我哪裡來的那麼多錢呢？

其實那是我老爸留下的一筆保險給付金，由於他和我媽離婚了，所以錢匯到我的戶頭裡。再加上老爸走後，我和媽媽、妹妹們終於能開始攢下的買房基金，也存在我的名下。

老媽很信任我，從來沒過問那筆錢還在不在，沒想到某天，她突然問我戶頭還剩多少錢。

我假裝看看手機，對老媽比一個「OK」。只是我把大拇指和食指圈得特別大，因為其實不 OK——是 0，剩零元。

我不知道是怎麼把自己搞成這樣的。只曉得回過神來時，發現自己已經沒辦法回去了。

***

那天，老媽發現真相，簡直不敢相信她眼中那個乖巧又孝順的兒子，竟然把錢都花光了！

她問錢花在哪裡，我不肯說，只是沉默地站在她面前，承接她一輩子都沒有對我發過的怒氣。

「我真的沒想到你會跟你爸一樣。你把錢都花到哪裡去了？你說呀！那麼多錢不可能花得那麼快。你是不是像他一樣去賭博？還是吸毒？你說呀！錢到底去了哪裡?!」

我低著頭，不發一語。經過這麼多年老爸給的教訓，我根本不敢賭博，更別說吸毒了。但我還是不想說把那筆錢花在哪裡。

「你一直都很孝順，也很節省，衣服捨不得買，東西能吃就好，連買雙鞋子都會告訴我。那麼大一筆錢，你怎麼可能拿去亂花！還是你被人騙了？」

我沒被騙，我一直都很好，也沒有人騙我錢。我自願的。我自願花那些錢買了一些不能講出來的快樂，但是我不說。

「你說句話呀！你不是說你要賺錢買房子嗎？我辛苦了大半輩子，努力做三份工作把你們養大，照顧你中風的爸爸，結果我得到什麼？我得到了什麼呀?!我就是再得到一個像你那賭鬼老爸一模一樣的垃圾而已！」

對，垃圾，你早該說我是一個垃圾。

你知道這幾年大家給我貼上「孝順」的標籤，我活得多痛苦嗎？

你知道我多想當一個不負責任的垃圾嗎？

你知道我多想像老爸一樣嗎？在外面賭博欠了一屁股債，人就跑掉。我小小年紀就得學會面對債主。每個人看到我說的第一件事情就是要我好好讀書，以後不要像我爸一樣。

為什麼不能像他一樣呢？垃圾的生活不好嗎？很快活呀！錢都不用自己賺，花光了屁股拍一拍當沒事，等到後來中風了，還有兒子、老婆照顧。當垃圾不好嗎？

我只是覺得人生就要逆來順受，我只想躺平，我不想反抗，所以我選擇照顧。

我選擇好好地努力活下去。

我有說我要當孝子嗎？我有嗎？

為什麼大家都要摸著我的頭說：「你很孝順。」

為什麼大家都要拍拍我的肩膀告訴我:「年輕人,你做得很好。」

走到哪裡都被說：「啊，這個年輕人很棒，他努力工作，照顧中風的爸爸，是個大孝子呢！你看他的摩托車壞了也捨不得買，衣服總是那幾件，也沒什麼物欲，做的所有事情都是為了家裡，孩子要多向他看齊呀！」

我不是欸，抱歉，我真的不是欸。我只是被貼了一個標籤叫做「孝子」，而努力在這個環境中，演好這個「孝子」的角色而已，演好而已。

作為火山孝子，我還更快活。因為我不知道老爸在的日子還有多久，我還要演多久，我還要累多久，我還要活多久，我還要撐多久。

＊＊＊

面對媽媽失望地痛哭，我只說了一句：「給我兩年的時間，我會還你錢的。」

媽媽不回應，只是哭。

好爛，我這個人真的好爛。面對眼前這個犧牲那麼多、把我養大的人，我真的覺得自己好爛。

剛進入殯葬所的前幾年，我每天看著遺體，都覺得他們好快樂吧，沒有煩惱了吧，不會被罵了吧，不累了吧，不用工作了吧……遇到自殺的案子，則會多看幾眼。原來還有這種方式呀？燒炭當小黑，比較不痛吧？小飛俠很可怕，但是他敢從那麼高的地方跳下來，還比我有勇氣吧？

加上外婆家經濟困難，表哥思覺失調症的照顧問題，不知道哪天會不會又落到我頭上。

像我這樣的垃圾，才應該離開吧。

我想離開，離開到一個沒有人叫我孝子的所在，就讓我當個把爸爸的保險金領了卻花光光的垃圾。

我很想家。那卻是我回不去，也沒有臉回去的地方。

Yes! I am.

玫瑰（1）

她說，等背上的觀音像刺完，她就可以上岸。

打從第一次看到這個越南妹妹，我就決定要叫她「玫瑰」。
因為她總是帶著保護自己的刺。

***

那是一個跨年的夜晚，身為資深宅男的我，早就準備好在這一定沒朋友約的夜裡，付一筆單身稅，讓自己也能享受有個人陪伴身旁倒數的快樂。
可是打電話給米香，才知道他們公司的人都去跨年了，今晚不營業。
晚上十一點，坐在便利商店裡，看著外面成雙成對的戀人，耳邊傳來店員們在聊等等下班後要去哪裡過，充滿著對新的一年的期待。我不禁想，會不會全世界只剩我一個人這麼孤單呢？
於是我隨便找了家按摩店，打算隨便跟個人過。是誰我並不在意，只要身旁有人就好。我想，全世界也只有那個陰暗的小房間，才能在這一天給我溫暖吧！

每一次都是差不多的小房間，每回等著開門時，總是讓人充滿期待。
打開房門的是一個清秀的妹妹，看起來十分年輕，卻有著一雙似乎受盡冷暖的眼神。我很不喜歡那種眼神，太滄桑了，而我只是來找快樂的。
原本我還在猶豫要不要進去，但發現她既沒有特別對我拋媚眼，也沒有抱抱我，讓我做一個失去理智的決定，就只是面無表情、酷酷地站在門口，手扠著腰，不說話。這種愛理不理的感覺，真的太吸引人啦！
於是我也酷酷地走進房。
但是當她轉過身去，望著她的背，我不禁「啊」了一聲。
「不喜歡嗎？」
「沒事。很漂亮。」

玫瑰的背上，刺了一個觀音頭像。

我默默觀察著那幅刺青——刺得很美，但好像還沒有完成。

「聽你說話，不是台灣人吧？」我問。

她短答：「越南。」

「你這刺青很好看欸，是什麼？」

她有點不耐煩地說：「觀世音呀！台灣也有吧？」

「噢噢！真的是欸。不過，怎麼只有頭呀？」我好奇地問。

「還沒刺完呢！等這次回越南，我會把祂刺好。」她想一想，又說：「刺好祂，我就可以轉運了。」

我笑了笑沒說話。

刺一尊佛像在身後，真的就可以轉運了嗎？

我很懷疑。

***

按摩到一半，我突然想到一件事情，急急忙忙地跟她說：「等我一下，我看一下手機！」

也顧不了把她嚇一跳，我著急地拿出手機和袋子裡的點心，對她說：「好險，還來得及，剩三十秒就要倒數了呢……來，五、四、三、二、一，新年快樂！」

見我自得其樂的模樣，玫瑰笑了。「老闆，我們還沒結束呢！」

「沒關係啦，這樣子就好。你有要和朋友跨年嗎？假如沒有趕時間的話，我們一起吃個點心好嗎？」

我拿出松露巧克力和兩塊鳳梨酥，期待地看著玫瑰。

她笑了一下，拿起一顆巧克力，說：「你坐好，我餵你吃。」

我們倆開心地吃著零食。

「你來我這裡只有吃東西，沒關係嗎？」她有點擔心地問我。

我吃著鳳梨酥，告訴她：「沒關係，我現在很快樂呀！真正的快樂，有時候是心裡的舒服。像是現在這樣和你一起吃鳳梨酥，我就很開心。」

她像是看外星人一樣地看著我，然後哈哈大笑。

看著大笑的玫瑰，我不由得摸一下她的臉，說：「咦？」

她緊張地摸摸自己的臉，問我：「怎麼了嗎？」

我皺著眉頭，不講話。她更緊張了，又問我一次。

我才對她說：「沒事。我是想，你笑起來那麼漂亮，應該要多笑才對呀！」

她大笑，瞬間又板起臉。「那我不笑了。你下次來找我，我再笑給你看。」

我握著她的手，認真地跟她說：「不能騙人喔！」

她點點頭。

回家後，我立刻找老林借了些錢，約了玫瑰隔天的第一個班。

門又打開的時候，看她那臭臉轉變為驚喜的表情，特別好玩。

「你怎麼又跑來了？」玫瑰笑得好開心。

我傻笑，望著她說：「想看你笑啊！」

「有什麼好看的？」

「就很舒服呀！」

聊天中，她拜託我：「你明天可以幫我買越式法國麵包嗎？這裡的便當，我真的吃不下，好想吃法國麵包。我把錢給你，你買好了放在門口，然後跟我說一聲就好。我加你的 LINE ？」

我握緊她的手，感動地對她說：「你是我這輩子第一次跟我要 LINE 的人欸！法國麵包我請，我明天上班前拿給你！」

***

我和玫瑰，成了朋友。

***

玫瑰雖然是越南人，但中文講得很溜。我好奇地問她為什麼中文說得那麼好，聽了原因，卻覺得心裡有點刺痛。

她從很小就開始做這行了，在越南接台灣客。

爸媽都是爛賭鬼，身為長女的她早早就必須開始賺錢還債，而所有的工作中，做這行是最快的。可是在家鄉賺的根本來不及還錢，所以她來台灣工作。我第一次遇到她的時候，她十八歲。

「你那麼缺錢，為什麼只做這種按摩呀？整個下海不是能比較快還錢嗎？」某次去找她的時候，我終於問出這個問題。

玫瑰原本開心的笑容突然收了起來，沉默一下後，只淡淡地說：「反正欠的錢太多了，不知何時才能還完，我慢慢賺就好。」

「你是從幾歲開始做這行的？」我又問。

她慢速地說著：「做太久，我也忘了。記不得是幾歲的時候，有一天，爸爸帶著鄰居叔叔來我家，把我和他關在房間裡，就開始了……我都要自己沒什麼感覺，告訴自己就是工作而已。我媽媽也做一樣的工作。有時候，你們台灣來的客人還會指定要跟媽媽一起呢！」

突然聽到這樣的內容，資訊量有點太大，我真不知道怎麼消化。

又沉默一陣後，玫瑰抓起我的手，摸了一下她背上的神像。

「我每上班一陣子，大部分的收入都是幫家裡還錢，剩下的錢，我就拿去刺青。我告訴刺青師傅我要刺觀音，而且要刺滿整個背。他跟我說這是大工程，要刺很久，我說沒關係，反正我這種工作也得做很久。等到觀音刺好，我應該就不會做這個了吧？」

玫瑰說著，突然流下淚來。

我呆呆地看著她，撫著她的背，再拍拍她的肩。

「放心，等到觀音刺完，你一定不會再繼續做這個了。」

我們相擁，感受著彼此的呼吸，我彷彿聽到她輕輕地說：「我真的不想再繼續了……」

也許，也許……

真的只有神救得了她吧！

能指望家裡的那兩個爛賭鬼清醒嗎？

或者是妹妹跟她走上同一條老路呢？

這時候，只能相信神吧?!

玫瑰（2）

什麼都不剩了……

「小胖，我這個月十三號還要去台灣喲。你可以來接我嗎？」

「好呀！一樣是越式法國麵包加珍珠奶茶嗎？」

「沒錯，謝謝你！」

不知不覺，已經過了兩年，玫瑰二十歲了。

兩年間，她也和其他小姐一樣在亞洲到處工作，我們常用通訊軟體聯絡。

只要玫瑰來台灣，我總是她的專屬司機。

這期間，我父親走了，我變得比較有空，同時也滿腔空虛，和小姐聊天讓我覺得比較不寂寞。

我帶著法國麵包和珍奶，在機場會面區等待玫瑰出來。

「小胖！」

「玫瑰！」

雖然那已經是好幾年前的事情，不過每當回憶起那一刻，總是讓我的嘴角微微上揚。

「你這次要待多久呀？」我問玫瑰。

「一樣是兩個禮拜呀。小胖，我告訴你一件高興的事情喔。」

「什麼事情呀？」

玫瑰興奮地說：「我的刺青快要完成了！」

「哇！那你家的錢也快還完了嗎？」我也好替她開心啊。

「是呀！終於要還清了！」

玫瑰吃著麵包、喝著珍奶，看起來真的好快樂。

我突然有些難過，看著她說：「這樣我不就再也見不到你了？」

「不會啦，我會來台灣找你玩的！」

玫瑰將她的手放在我的手上，我緊緊抓著那隻手，像是要抓著那句話一樣，死死地不放。

「我當真喔！」我對她說。

她認真地回我：「真的啦。其實我很想來台灣工作，但不是做現在這種行業。我想像家鄉的人一樣去工廠上班，賺錢回家買房子。到時候，我選在這附近的工廠，我們可以出來吃飯呀！」

聽到這句話，我真的很開心。

至少有一個人真的很在乎我。

＊＊＊

當天晚上，我接到玫瑰的電話。

「小胖！你快來接我……我要回家，我要回家！」她哭著說。

我滿頭霧水地問她：「你不是今天剛到台灣嗎？怎麼就要回家呢？你回家有機票錢嗎？」

「你借我錢好不好？拜託借我錢，我要回家！」她不停地哭著。

「那你等我，我下了班就立刻去找你。」

「快點，快點！我要回家，我要回家……」

那晚下班後，我載玫瑰去機場。

一路上，她哭得很傷心。車上只有她的哭泣聲。

我借了筆錢給她，後來她再也沒和我聯絡。

總覺得這筆錢是要不回來了，但我不覺得怎麼樣。
比起失去玫瑰這個朋友，真的不怎麼樣。

＊＊＊

兩個月後，玫瑰突然打電話給我。
「小胖，我又要去台灣了。你來接我吧。」
「嗯。老規矩嗎？」
「嗯，謝謝你。每次去台灣，都很喜歡吃家鄉的法國麵包，還有你們的珍珠奶茶。」

從機場往市區的路上，我們都很安靜。直到快下高速公路時，玫瑰打破沉默。
「小胖，這趟我不是去上次的公司，我要去新的地方。」
「為什麼？他們家的待遇不好喔？」
「不是。我要……整個下海了。」
我愣了一下，然後輕聲說：「這兩年，你不是都說你不想那樣工作嗎？怎麼又要……」

她笑了笑，回我：「賺得比較快。」

「你的刺青不是快刺好了？家裡的債不是都快還清了嗎？」

玫瑰沉默了一下。

「我還想刺在肚子上、大腿上……我還沒有刺完，我家裡的債，也還沒有還完。」

聽她這麼說，我想到自己的老爸，於是嘆了口氣：「你爸媽又去賭了喔？」

在副駕駛座的玫瑰不說話，只是開始哭，一直哭，哭到目的地。

「小胖，你晚上來找我好嗎？在新的地方，我第一個想看到的是你……」

我想了想，使出元氣對她說：「好啊！我順便帶河粉給你吃好嗎？吃飽了，才有力氣活下去呀！」

「好。吃飽了，才有力氣活下去。」

晚上，我如約上門。一進房就注意到她的手，我愣了一下。

看著她手上那一道道傷痕，我難過地對她說：「沒必要選擇傷害自己吧？」

玫瑰摸著傷痕，慢慢地說：「上回剛到台灣，我就接到妹妹打電話來，我爸也叫她去上班，因為……因為他又去借錢了！還清了一筆債又能怎樣呢？我好想死。不僅我這樣工作，我妹妹也得去做一樣的工作。活著幹麼？我到底活著幹麼呢？」

她拉著我的手放在她胸前。

「這不是你們想要的嗎？這不是你們都想要的嗎？沒關係，誰來我都不管，給我錢就好，給我錢就好。已經什麼都不重要了！已經什麼都不重要了……為什麼我想要一個正常的生活，那麼難，那麼難呀！」

我看著痛哭的玫瑰，默默地撫著她的背。

看到她背上刺的那個完整的觀世音，我好想問祂：「觀音大士，你能不能幫她一下，能不能幫這個女孩子一下呀？你能不能讓世上所有賭博害垮家庭的那些垃圾，受到該有的懲罰呀？能不能呀！」

自從那天起，玫瑰的笑容，不再開放。

她總是臭著一張臉，開門迎接任何口袋有三千塊的男人。

不管他們有什麼要求，她都接受。

因為，她已經什麼都不剩了。

***

後來因為疫情影響，玫瑰沒有再來台灣。

某天我想起她，想要問候她，才發現她把我封鎖了。

或許她在海的另一邊，已經不用還債，過著好生活，上岸了吧。

希望我這輩子都不會再收到那樣的訊息……

「小胖，我又要去台灣了。記得帶法國麵包給我喔！」

西瓜

我很特別，我那麼愛她，她不會騙我的。

西瓜為什麼叫「西瓜」？

實在是因為我和她相處的日子，好甜，真的好甜……

* * *

西瓜的照片其實並不吸引人，但我摸摸自己的口袋，決定就是她了。

米香笑著跟我說：「你真的很厲害，這個泰國女生是用真的照片，沒修圖，很難得啊。她拍照不好看，本人好看多了，那應該叫做……靈性。對！她有股靈性，你看看她的眼睛就知道。」

在西瓜開門的那一瞬間，我被迷住了，不只眼睛，還有她的笑

容——那是會甜到心裡，讓你得糖尿病的那種笑。

我完完全全煞到她。那種煞到，不是我在殯葬所工作的時候，半夜不小心被比較凶悍的客人跟在身上；而是看了一眼後，會有臉紅心跳的那種感覺。

她有點緊張地看著我。我點點頭，表示沒問題，於是她的笑容又再次展開了。

「Go shower?」

這次換我笑了，看來她的英文跟我一樣爛。

「Yes. I shower you, and you shower me.」

她也笑了。看她的表情，
應該是在想「這傢伙的英
文居然比我還爛」。
我們就這樣，開始進入長
達五分鐘的重頭戲……

＊＊＊

出來混久了，照理說接下
來的時間，我應該拿出手
機，好好地和她聊天。但
這次不知道為什麼，我只
想這樣傻傻地看著她。
我喜歡她的眉毛，喜歡她
的嘴巴，喜歡她的鼻子，
喜歡她的眼睛。
看著她，我感到放鬆，也
感到開心。

「You see what?」

「See my precious!」我說，然後比了一個電影《魔戒》裡，「咕嚕」那個角色的招牌手勢。

她先是愣了一下，然後大笑。

好險，我很怕這個哏太老，她年輕人聽不懂。

「Really? You come here again?」

「Maybe soon!」

她笑了一下，伸出手要和我打勾勾。我也笑了一下，伸出我的手，跟她打了一個勾勾。

碰到她手的那種感覺，很像觸電，很像初戀。我情不自禁地抱了她一下，突然有股暖流蔓延至我的全身，從她身上，到我的手、我的心、我的……

「Wow, if you do again, add money!」

我立刻鬆開了手，眼觀鼻，鼻觀心，讓那股暖流消散。

因為自律的我，身上的錢都只帶剛好的數目。這也是我常常在宗親會裡提倡的，千萬不要帶超過約定數目的錢，以免失去理智，無法好好思考。嚴守紀律，對我來說非常重要。

她笑了笑，看了一下時間，剛好結束。

It's time we learned from the losers and their authority of failure.

紐約和倫敦對金錢、財富和成功的崇拜不亞於香港，但跟香港不同，它們對失敗者有一份浪漫的想像，認爲失敗者有某種一無所有但贏回自己的尊嚴和瀟灑。這兩個城市的藝術家和創作人習慣了從社會的失敗者和邊緣人的身上，索解普遍的人性、捕捉普遍的人聲的回響。他們深信，生命的況味最能在挫折中體會，因此細心探勘失敗者的經歷和故事，必有重大的發現。

來自紐約的導演伍迪艾倫 (Woody Allen) 和漫畫家克魯伯 (Robert Crumb) 不但是此類從失敗、挫折和平凡中尋找繆斯的藝術家的表演者，他們二人更是「藝術家即失敗者」(artist as loser) 的典型代表。至於倫敦，更是一個擁抱失敗的城市：不論是電影《摘星奇緣》(Notting Hill)，還是原著小說與改編電影同樣受歡迎的《BJ 單身日記》(Bridget Jones' Diary)；以至《失戀排行榜》(High Fidelity) 作者霍恩比 (Nick Hornby) 的《漫漫下坡路》(A Long Way Down)，講的其實都是英國失敗階級的神秘魅力。

今年的諾貝爾文學獎得主是八十一歲的加拿大作家孟洛 (Alice Munro)，她的短篇將神話的深刻、寓言的雋永和故事的精彩共冶一爐。在她的筆下，生活平凡的一面是一只頑皮的貓，會突然撲向你，令你措手不及；而生活令人意想不到的一面，卻是一個害羞的女孩，靜靜坐在那裡不發一言。然而這樣一個優秀的作家，在諾貝爾獎將她變成一個名人之前，卻連一個三流電視劇演員的知名度也沒有；比起好萊塢的大明星，她簡直是不見經傳。

這當然是資本主義和消費社會對文人和藝術家的「標準待遇」(standard treatment)。在一個混淆價格與價值、靠知名度的高低來分優辨劣的「笨下去社會」(dumbed-down society)，他們永遠不會是那隻怒吼的獅子 (roaring lion)，只會是蹲在地上的小狗 (underdog)。

二魚文化　文學花園　C100

私想

作　　者　林沛理
責任編輯　李亮瑩
美術設計　費得貞
封面圖片　林沛理
編輯主任　葉菁燕
讀者服務　詹淑真

出 版 者　二魚文化事業有限公司
地址　106 臺北市大安區和平東路一段 121 號 3 樓之 2
網址　www.2-fishes.com
電話　(02)23515288
傳真　(02)23518061
郵政劃撥帳號　19625599
劃撥戶名　二魚文化事業有限公司
法律顧問　林鈺雄律師事務所

總 經 銷　大和書報圖書股份有限公司
電話　(02)89902588
傳真　(02)22901658

製版印刷　優驊科技印刷有限公司
初版一刷　二〇一三年十一月
I S B N　978-986-5813-13-0
定　　價　二三〇元

題字篆印　李蕭錕

國家圖書館出版品預行編目(CIP)資料

私想 / 林沛理著. -- 初版. -- 臺北市：二魚文化, 2013.11
160面；14.8x21公分.(文學花園；C100)
ISBN 978-986-5813-13-0(平裝)
1.英語 2.讀本 3.格言

805.18　　102020950

二魚文化